mandu

韓国発

初めてでも作れる！

マンドゥ バッグ

&

ヌビ バッ

nubi

主婦と生活社

JN013746

韓国で人気の
マンドゥバッグとヌビバッグが
日本でも大流行中！

マンドゥバッグはわた入りでとっても太い
「チャンキーニット糸」を使ったバッグ。
道具いらずで編めて、
バッグなら1時間あれば完成します。

CONTENTS

ヌビバッグはふっくらとやわらかい
キルティングの「ヌビ生地」を使ったバッグ。
ミシンでスピーディに縫えます。

作り方は全てプロセス写真で解説しているので
初めて作る方も、ぜひ挑戦してみてください。
マンドゥバッグはQRコードで読み込める
作り方の動画付きです！

nubi

マンドゥバッグ

韓国語で餃子を意味する〝マンドゥ〟バッグはコロンとした形がキュート。わたが入ったとっても太い「チャンキーニット糸」を使って、道具いらずで手軽に編めます。インテリアグッズもおすすめです。

デザイン・製作｜Sewing in Japan♡ （12ページ除く）
糸提供｜ユザワヤ （チャンキーヤーン）

01　ベーシックなマンドゥバッグ

プロセス解説で詳しく紹介しているので
初めて作る方でもチャレンジしやすいマンドゥバッグ。
やさしい色と糸のやわらかさがキュート。

でき上がりサイズ｜約縦20×横25cm　作り方 ≫≫≫ **25 page**

02 ボーダーのマンドゥバッグ

段ごとに糸の色を変えたデザインは
2つ目のマンドゥバッグを作りたい方におすすめ。
使う糸の色によって、雰囲気ががらりと変わります。

でき上がりサイズ｜約縦20×横29cm　作り方 ≫≫≫ **30page**

03 / 04　バイカラーのマンドゥバッグとポシェット

4ページのマンドゥバッグの目数と段数を変えて作りました。
持ち手は目数を増やすだけで、ポシェットになります。
ベージュとクリームのバイカラーがおしゃれ。

でき上がりサイズ｜03　約縦22×横34cm　04　約縦20×横20cm　作り方≫≫≫ **32page**

スクエアのマンドゥバッグ

入れ口が広く、荷物がしっかり入るサイズなので、
荷物が多めの方にもおすすめです。
編むときに輪の大きさをそろえると、きれいな仕上がりになります。

でき上がりサイズ｜約縦23×横29cm　作り方≫≫≫ **33page**

06　よこ編みのマンドゥバッグ

立体感があり、置いているだけで愛らしいデザイン。
輪を引っぱらないように編むのがコツです。
鮮やかな色で、コーディネートの差し色に。

でき上がりサイズ｜約縦15×横20cm　作り方 ≫≫≫ **36page**

07

スマホショルダー

初めて作る方におすすめのスマホショルダー。
自分のスマホのサイズを確認しながら
編むときに目の大きさが均一になるように編んでください。

でき上がりサイズ｜約縦21×横14.5cm　作り方≫≫≫ **42page**

08

ぷっくりショルダー

10ページのスマホショルダーと段数違いですが
段ごとに編むときの目の大きさを変えてぷっくりとした形に。
違う色にした肩ひものデザインがポイントです。

でき上がりサイズ｜約縦19×横18㎝
作り方 ≫≫≫ **39page**

09　ドーナツクッション

くるくると糸を巻いて土台を作ってから編んでいます。
クッション性があり、座り心地バツグン。
30分で作れるので、いくつか作ってみてください。

デザイン｜ユザワヤ　製作｜天野 愛
でき上がりサイズ｜各約直径36㎝　作り方 ≫≫≫ **44 page**

10　ネコベッド

編み目を増やしていって大きなかごのように編みました。
ネコちゃん用はもちろんのこと、バッグ置き場にしたり、
雑貨を入れてインテリアとしても。表裏のないデザインです。

でき上がりサイズ｜直径約38cm、高さ15cm　作り方≫≫≫ **46page**

11 ラウンドバッグ

ヌビバッグでは珍しい円形のデザインです。
縫うときにずれやすいので、しつけをかけるのがコツ。
ていねいに縫えば、とびきりかわいいバッグが完成します。

でき上がりサイズ｜各約縦28×横28cm、まち幅約8cm　作り方 ≫≫≫ **52page**

ヌビバッグ

nubi

「ヌビ」とは韓国の伝統的な技法で、2枚の布の間にわたを挟み入れ、等間隔でキルティングした生地のこと。洗うとふっくらとやわらかくなります。バッグやポーチはいくつも作りたくなるかわいさです。

デザイン・製作｜中西美歩
素材提供｜日本紐釦貿易 （ヌビキルト、ファスナー）

マザーズバッグ

使い勝手がいい、まちつきトートバッグ。
荷物がたっぷり入るサイズなので、
ジム用のバッグや
1泊くらいの旅行バッグとしても使えます。

でき上がりサイズ｜約縦29×横29cm、まち幅約16cm
作り方 ≫≫≫ **56page**

13

リボン付きマザーズバッグ

マザーズバッグに黒リボンをプラスしたら大人かわいい仕上がりに。
リボンは手芸用ボンドで貼りました。
洗濯しても取れません。

でき上がりサイズ｜約縦29cm×横29cm、まち幅約16cm
作り方 ≫≫≫ **56page**

14

巾着バッグ

短い持ち手の巾着バッグ。
見た目は小ぶりですが、まちがあるので長財布も入ります。
ループエンドに金具を使ってアクセントに。

でき上がりサイズ｜約縦31×横22cm、まち幅約12cm
作り方 ≫≫≫ **59page**

15

フリル付きバッグ

底に丸みをつけたフラットバッグに、
同系色のグログランリボンでフリルをつけました。
フリルは、リボンにギャザーを寄せれば簡単に作れます。

でき上がりサイズ｜約縦29×横38㎝
作り方 ≫≫≫ 62page

16 フラットポーチ

1枚仕立てで作ったシンプルなフラットポーチ。
両脇は、縫い代が出ない袋縫いにしています。
ヌビ生地とファスナーの色合わせを楽しんで。

でき上がりサイズ｜（大）約縦25×横32.5㎝、（小）約縦15.5×横22.5㎝
作り方 ≫≫≫ **66page**

17 テトラポーチ

ヌビバッグを作った残りの端ぎれで作れるテトラポーチは、
バッグとおそろいにできるのがうれしい。
鍵や飴、薬などを入れるのに便利です。

でき上がりサイズ｜各約縦11×横11cm、まち幅約11cm

作り方 ≫≫≫ **67page**

how to make
マンドゥバッグの作り方

mandu

作り始める前に

マンドゥバッグは作り目
→本体→持ち手の順に編みます。
段数は写真のように数えます
（作り目は1段めと数えません）。

糸玉の扱い方

糸玉は、外側と中央の2カ
所に糸端があります。外側の
糸端から編み始めると、編ん
でいるうちに糸玉が転がって
しまうので、中央の糸端を引
き出して編み始めてください。

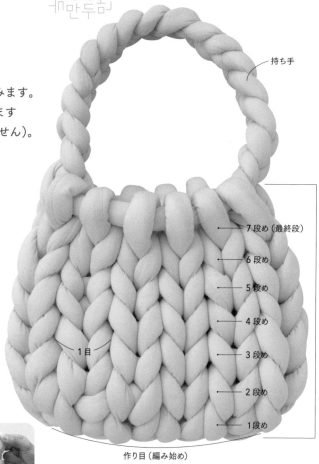

持ち手

7段め（最終段）

6段め

5段め

4段め

3段め

2段め

1段め

本体

1目

作り目（編み始め）

輪　輪

指3本分×5段　指2本分×6段
17.5　16
28　24

目の大きさについて

輪のサイズによって目の大きさが変わります。写真の2つ
は指の本数と段数が違います。完成が好みのサイズになる
よう、輪の大きさ（指の本数）を変えて調整しても大丈夫です。
※必要な糸量が変わるので注意

きれいに仕上げるには

編み目をそろえるために、指を入れる本
数を一定にしたり、糸の引き具合を均一
にします。編み目がふぞろいで気になる
場合は、ほどいて編み直しをするのがお
すすめです。また、糸がねじれないよう
に気をつけてください。糸がねじれた状
態で編むと、その部分の糸が細くなって
すき間ができてしまいます。

作り方に関するおことわり
●写真の中の数字の単位は㎝です。
●でき上がりサイズは、持ち手を除いたサイズです。
●持ち手の長さはお好みに合わせて調整してください。

作り目の編み方

1 糸端に切り込みを入れる。

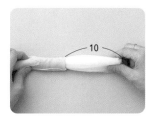
2 中のわたを約10㎝引き出す。

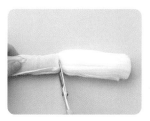
3 わたをカットする。

4 布を元に戻して結ぶ。

5 写真のように輪にする。

6 輪に指を入れて糸をつかむ。

7 糸を引く。

8 きつめに引き締める。

9 この目は1目と数えない。

10 輪に3本の指を入れる。

11 糸を引く。

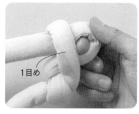
12 1目編めた。

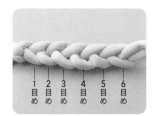
13 10～12と同様に6目編む。バッグの底になる部分なので、ゆったりと編む。きつく編むと、1段めを編むときに丸まってしまい、作りにくくなる。

NG
目がそろっていない！

目がそろわないと仕上がりに影響するので注意。同じ引き具合で編むと編み目がそろう。

01

4 page

ベーシックなマンドゥバッグ

材料
チャンキーヤーン
「チャンキー×ソフト」アプリコット　1玉
でき上がりサイズ
約縦20×横25cm

作り方の動画は
▶YouTubeでも
Check!

本体を編みます

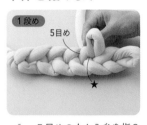

1 5目めの★から糸を指3本分引き出す。

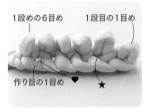

2 1段めを編む。1と同様に作り目の1目めまで糸を引き出す。

3 反対側を編む。作り目の1目めの♥から糸を引き出す。

4 糸がねじれないように注意して引き出す。

5 2と同じ高さになるように編んでいく。

6 1段めが編めた。

7 2段めを編む。1段めの1目めに指を入れて糸を引き出す。

8 1目めにクリップをとめて目印にする。

9 1段めの2目めに指を入れて糸を引き出す。

10 3目め以降も同様に6目編む。

11 端は目と目の間が緩みやすいので注意する。

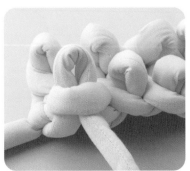

12 端は引き締めて編むと目がきれいになる。

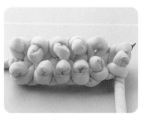

13 2段めが編めた。

14 広げながら編むと作りやすい。

15 ＩＩと反対側の端も、目と目の間が緩まないように注意する。

3段め

16 続けて同様に3段めまで編めたところ。各段の1目めを編んだらクリップを移動させて、1目めがわかるようにする。

17 表に返して形を整える。4段めからは二つ折りにして編み進める。

4段め

18 4段めの1目めを編む。

19 クリップを移動させる。

20 形を整えながら編んでいく。

21 端は寄せて編む。

22 端は緩まないよう引き締めて編む。

23 4段めが編めた。

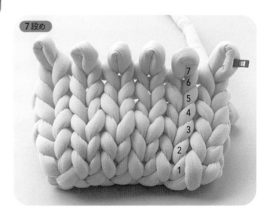

7段め

24 5〜7段が同様に編めた。

口を始末します

1 ほどけないように7段めの12目めにクリップを移動させる。7段めの1目めから時計回りに目に糸を通す。

2 糸を引く。

3 糸が長く、1目ずつ糸を引くのは大変なので、3目続けて通して引く。「糸がねじれないように気をつけてください」

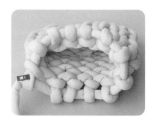

4 1周通して引いたところ。

持ち手を作ります

5 手で形を整える。

1 7段めの1目めと12目めの間に写真のように糸端を引き出す。

2 全て引き出したところ。

3 写真のように少し引き出す。

4 3の輪に指を入れてつかむ。

5 引き出す。

6 糸を引いて輪のサイズを指2本分に調整する。

7 輪に指を入れて糸を引き出す。

8 1目編めた。

9 同様に輪のサイズは指2本分で全部で17目編む。

10 最後の目は糸端まで引き抜く。

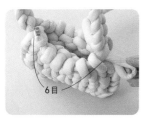

11 1の反対側の脇に内側から輪を入れる。

12 全て引き出す。

13 すぐ下の目★に外側から入れて引く。

14 持ち手の最後の目♥に内側から入れて引く。

15 12と同じ所◎に外側から入れて引く。

16 約20cm残して糸をカットする。

17 糸端に切り込みを入れる。

18 中のわたを約10cm引き出してカットする。

19 布を元に戻して結ぶ。

20 糸端を裏の目に通す。

完成！

02

6 page

ボーダーのマンドゥバッグ

材料
チャンキーヤーン
「チャンキー×ソフト」ブルー、アイボリー　各1玉
でき上がりサイズ
約縦20×横29cm

作り方の動画は
▶YouTubeでも
Check!

作り目を編みます

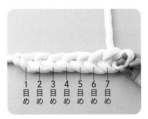

アイボリーの糸で25ページの作り目の編み方1〜13と同様に7目編む。

本体を編みます

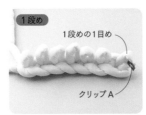

1 輪のサイズは指3本分で7目編む。1段めの1目めにクリップAをとめて目印にする。

2 反対側も7目編む。

3 1段めが編めた。1とは別の色のクリップBをとめて糸が抜けないように固定する。

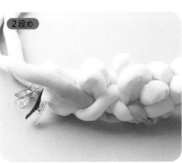

4 色を変える。ブルーの糸の糸端始末(25ページ1〜4参照)をして、1段めの終わりにからめる。

5 1段めの1目めに指を入れて糸を引き出す。輪のサイズは指3本分で編んでいく。

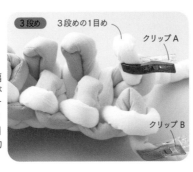

6 2段めを同様に一周編む。端は目と目の間が緩みやすいので注意する。3段めはアイボリーの糸を引き出す。目印のクリップAを移動させる。

7 端は寄せて編む。

8 3段めが編めた。目印のクリップBは移動させる。

9 ブルーの糸で4段めが編めた。

10 表に返して形を整える。5段めからは二つ折りにして編み進める。

11 アイボリーの糸で5段めを編む。

12 5段めが編めた。ブルーの糸で6段めを編む。

13 6段めが編めた。アイボリーの糸で7段めを編む。

14 7段めが編めた。

15 ブルーの糸で8段めが編めた。

16 アイボリーの糸を約20cm残してカットする。

口を始末します

17 糸端の始末（25ページ1〜4参照）をし、糸端を裏の目に通す。

1 糸を3m測ってカットする。

2 8段めの1目めから時計回りに目に糸を通す。

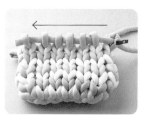

3 糸がねじれないように引いていく。

持ち手を編みます

4 1周通して引き、形を整える。バッグ底の編み始めの糸端を裏の目に通す。

5 8段めの1目めと14目めの間に、写真のように内側から輪を引き出す。

6 輪に指を入れて糸を引いて1目編む。輪のサイズは指2本分。

7 同様に輪に指を入れて糸を引く。

8 全部で10目編む。最後の輪は大きめにしておく。

9 5の反対側の脇に外側から輪（♥）を入れる。

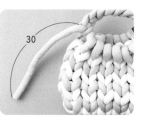

10 約30cm残して糸をカットする。

完成！

11 9の輪（♥）に糸を通して引く。

12 糸端の始末（25ページ1〜4参照）をし、糸端を裏の目に通して完成！

03

7 page

バイカラーのマンドゥバッグ

材料
チャンキーヤーン「チャンキー×ソフト」
ベージュ、クリーム　各1玉
でき上がりサイズ
約縦22×横34cm

作り方はこちらの
動画を参考に！

YouTubeでも
Check!

作り目を編みます

クリームの糸で25ページの作り目の編み方1～13と同様に
9目編む。

本体を編みます

26・27ページの本体を編みます1～23と同様に4段編む。
5段めから色を変える。ベージュの糸の糸端始末（25ページ
1～4参照）をして、4段めの終わりにからめ（30ページ4
～8参照）、5～9段めを編む。クリームの糸の糸端始末（25
ページ1～4参照）をし、糸端を裏の目に通す。

口を始末して持ち手を編みます

ベージュの糸を3m測ってカットする。27～29ページの口を
始末します、持ち手を編みますを参照して編んで（持ち手は
12目にする）完成！

04

7 page

バイカラーのポシェット

材料
チャンキーヤーン「チャンキー×ソフト」
ベージュ、クリーム　各1玉
でき上がりサイズ
約縦20×横20cm

作り方はこちらの
動画を参考に！

YouTubeでも
Check!

作り目を編みます

ベージュの糸で25ページの作り目の編み方1～13と同様に
5目編む。

本体を編みます

26・27ページの本体を編みます1～23と同様に5段編む。
6段めは色を変える。クリームの糸の糸端始末（25ページ1
～4参照）をして、5段めの終わりにからめ（30ページ4～
8参照）、6・7段めを編む。ベージュの糸の糸端始末（25ペ
ージ1～4参照）をし、糸端を裏の目に通す。

口を始末して持ち手を編みます

クリームの糸を7.5m測ってカットする。27～29ページの口
を始末します、持ち手を編みますを参照して編んで（持ち手
は身長に合わせて35～40目にする）完成！

05

8 page

スクエアのマンドゥバッグ

材料
チャンキーヤーン
「チャンキー×ソフト」ダークピンク　1玉
でき上がりサイズ
約縦23×横29cm

作り方の動画は
▶YouTubeでも
Check!

作り目を編みます

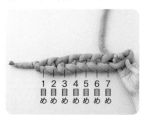

25ページの作り目の編み方1～13と同様に輪のサイズは指4本で7目編む。

本体を編みます

1段め　1段めの1目め

1　輪のサイズは指3本分で7目編む。1段めの1目めにクリップをとめて目印にする。

2　反対側も7目編む。

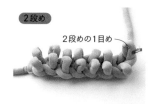

2段め　2段めの1目め

3　1段めが編めた。2段めを編む。1段めの1目めに指を入れて糸を引き出し、目印のクリップを移動させる。

4　2～8段めも輪のサイズは指3本分。端は目と目の間が緩みやすいので注意する。

5　2段めが編めた。

3段め

6　3段めが同様に編めた。

4段め

7　4段めが同様に編めた。

8　編み始めの糸端を裏の目に通す。

9　表に返して形を整える。角をしっかり出すのがポイント。二つ折りにして編み進める。

5段め

10　5段めを編む。

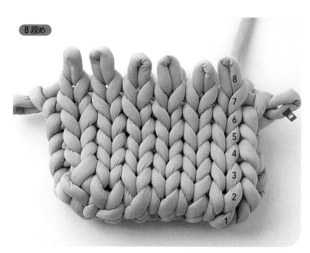

8段め

8
7
6
5
4
3
2
1

11　5～8段めが同様に編めた。

口を編みます

1 8段めの1目めから糸を指4本分引き出す。

2 輪◎を隣の目♥にかけ、届くか確認する。

3 さらに隣の目♥から糸を指4本分引き出す。

4 輪をさらに隣の目★にかける。

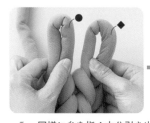

5 1つめの輪◎に2つめの輪◆を通す。

6 同様に糸を指4本分引き出し、隣の目にかけて、2つめの輪◆に3つめの輪●を通す。

7 6を繰り返して編んでいく。

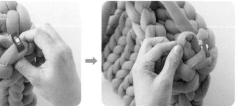

8 1周編めたら、輪をクリップの目に外側から入れる。

持ち手を編みます

1 輪に指を入れて糸を引く。

2 全部で12目編む。最後の輪は大きめにしておく。

3 1の反対側の脇に外側から輪（♥）を入れる。

4 輪（♥）に糸を通して引く。

5 糸端の始末（25ページ1〜4参照）をし、糸端を裏の目に通す。

完成！

9 page

06 よこ編みのマンドゥバッグ

材料
チャンキーヤーン
「チャンキー×ソフト」ラベンダー　1玉
でき上がりサイズ
約縦15×横20cm

作り方の動画は
▶YouTubeでも
Check!

作り目を編みます

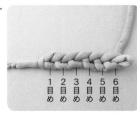

1目め 2目め 3目め 4目め 5目め 6目め

1
25ページの作り目の編み方1〜13と同様に輪に指4本を入れて6目編む。

本体を編みます

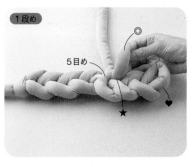

1段め
5目め

1
5目めの★から糸を指3本分引き出す。

2
◎♥の2つの輪に糸を引き抜く。

3
1目編めた。1段めの1目めにクリップをとめて目印にする。

4目め

4
1と同様に4目めから引き出す。

5
●◆の2つの輪に糸を引き抜く。

6
同様に合計5目編む。

7
反対側を編むので上下を逆にする。

8
反対側も同様に編んでいく。

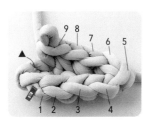

9 1段めの9目まで編めた
　ところ。

10 1段めの10目めはクリップの反対側の9の▲に編む。

11 1段めが編めた。

12 上下を逆にして2段めを編む。1
　段めの1目めに指を入れて糸を引
　き出して1段めと同様に編み、目
　印のクリップを移動させる。

13 2段めを同様に編んでいく。

14 表に返して形を整える。
　バッグ底の編み始めの
　糸端を裏の目に通す。

15 3段めを編む。2段めの1目めに指を入れて糸を引き出し
　て編み、目印のクリップを移動させる。

16 3段めが編めた。

17 糸を最後まで引く。

18 クリップの隣の目の鎖
　2本に糸を内側から入
　れて引き抜く。

19 3段めの最後の目☆に糸を入れて引き抜く。

持ち手を作ります

20 引き抜けたところ。

1 クリップの目に写真のように外側から糸を入れる。

2 糸を全て引く。

3 左手の位置に内側から糸を入れる。持ち手を好きな長さに決める。

4 3の隣の目に糸を入れて引く。

5 糸端の始末(25ページ1〜4参照)をし、糸端を裏の目に通す。

完成！

08 11 page

ぷっくりショルダー

材料
チャンキーヤーン
「チャンキー×ソフト」ライトピンク、ライトグレー　各1玉
でき上がりサイズ
約縦19×横18cm

作り方の動画は
▶YouTubeでも
Check!

作り目を編みます

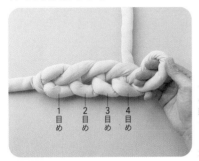

ライトピンクの糸で25ページの作り目の編み方1〜13と同様に輪のサイズは指4本分で4目編む。最後の目は指3本分になるよう少し引き締める。

1段め

1　輪のサイズは指3本分で4目編む。反対側も4目編む。1段めが編めた。

2段め　2段めの1目め

2　1段めの1目めに指を入れて糸を引き出す。クリップをとめて目印にする。2段めを編む。端は目と目の間が緩みやすいので注意する。

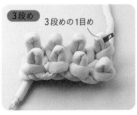

3段め　3段めの1目め

3　3段めを編む。

4段め

4　4段めを編む。4段めからは輪のサイズは指2本分で編む。

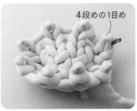

4段めの1目め

5　4段めが編めた。

6　表に返して形を整える。二つ折りにして編み進める。

5段め

7　5段めが編めた。

6段め

8　6段めが編めた。

口を始末します

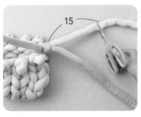

15

1　糸の色を変える。ライトピンクの糸にライトグレーの糸を結び、ライトピンクの糸は約15cm測ってカットする。

7段め

2　6段めの1目めに指を入れてライトグレーの糸を引き出す。目印のクリップを移動させる。7段めは輪のサイズは指4本分で編んでいく。

3　7段めが編めた。

4　糸を3m測ってカットする。

5　7段めの1目めから時計回りに目に糸を通す。糸がねじれないように1周通して引き、形を整える。

6　さらに1周7段めの1目めから時計回りに目に糸を通す。

7 合計2周糸が通せた。

8 1の糸の結び目の始末をする。結び目をほどき、それぞれ糸端の始末（25ページ1〜4参照。根元までカットする）をし、2本を根元で結ぶ。糸端をカットし、裏の目に通す。バッグ底の編み始めの糸端も裏の目に通す。

10 ライトグレーの糸端を引く。

9 3のライトグレーの7段めの糸を1目ずつ引いて形を整える。バッグ口は好きなサイズまで引いて調整する。

持ち手を作ります

11 7段めの1目めと8目めの間に、写真のように内側から糸を引き出す。

12 輪のサイズは指2本分で2目編む。

13 輪を全て引く。

14 持ち手を好きな長さに決め、反対側も対になるように編む。編み始めのように糸を引き、輪のサイズは指2本分で編む。

15 糸を引いて2目編む。

16 12と同じ目数に編めた。

17 反対側の脇に外側から
輪（♥）を入れる。

18 輪（♥）に糸端を通し
て引く。

糸端

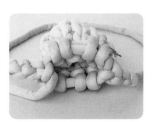

19 持ち手が編めた。

20 糸端の始末（25ページ
1〜4参照）をし、糸
端を裏の目に通す。

完成！

07

10 page

スマホショルダー

材料
チャンキーヤーン「チャンキー×ソフト」ホワイト　1玉
でき上がりサイズ
約縦21×横14.5cm

作り方の動画は
YouTubeでも
Check!

作り目を編みます

25ページの作り目の編み方1
～13と同様に輪のサイズは指3
本分で4目編む。最後の目は指
2本分になるよう少し引き締める。

本体を編みます

1　輪のサイズは指2本分で
4目編む。

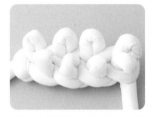

2　反対側も4目編む。1段
めが編めた。

3　1段めの1目めに指を入
れて糸を引き出す。クリ
ップをとめて目印にする。

4　2段めを編む。端は目と
目の間が緩みやすいので
注意する。

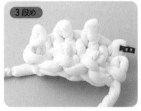

5　3段めが同様に編めた。

6　表に返して形を整える。
二つ折りにして編み進める。

7　4段めを編む。3段めの
1目めに指を入れて糸を
引き出し、目印のクリッ
プを移動させる。

8　4段めが編めた。

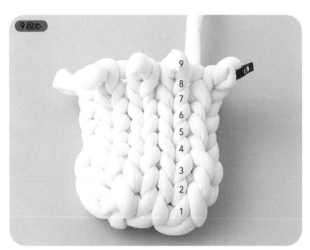

9　5～9段めが同様に編めた。

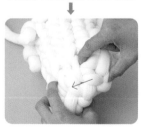

10　バッグ底の編み始め
の糸端を外側に出し、
内側に入れて裏の目に
通す。

口を始末します

1 糸を2m測ってカットする。

2 9段めの1目めから時計回りに目に糸を通す。

3 糸がねじれないように引いていく。

4 1周通して引き、形を整える。

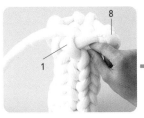

5 9段めの1目めと8目めの間に、写真のように内側から輪を引き出す。

6 輪に指を入れて糸を全て引く。

7 糸を引き締める。

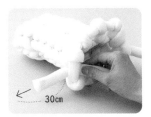

8 5の反対側の脇に内側から糸を入れる。持ち手を好きな長さに決め、5の反対側の脇に内側から糸を入れる。糸端が約30cmになるようにカットする。

9 写真のように糸を回す。

10 8の位置に外側から糸を入れる。

11 糸を引く。

12 糸端の始末（25ページ1〜4参照）をし、糸端を裏の目に通す。

完成！

09

12 page

ドーナツクッション

材料
チャンキーヤーン
「チャンキー×ソフト」グレー、ライトグリーン　各1玉
でき上がりサイズ
各約直径36cm

作り方の動画は
▶YouTubeでも
Check!

土台を作ります

1 直径23cmの円になるように、時計回りに13周巻く。

2 巻いているうちにサイズが変わることがあるので、直径23cmの紙を用意すると作りやすい。

3 5周巻いたところ。上に重ねるように巻く。

4 13周巻いたところ。

5 13周巻けているか、確認する。

6 糸がバラバラにならないように太めの手縫い糸や毛糸で結ぶ。

7 巻き終わりの糸が下側になるように上下を返す。

本体を編みます

1 輪に右手を入れて糸をつかむ。

2 糸を引き抜いてループを作る。

3 2のループに右手を入れ、糸を引き抜いてループを作る。

4 右手で3のループを持ったまま、輪に左手を入れて糸をつかむ。

5 左手を引き抜いてループを作る。

6 2つのループを右手で持ち、★を2つのループに通す。

7 これで1目編めた。

8 1〜7と同様にもう1目編んだところ。

9 1〜7と同様に合計17目編む。

チェーンつなぎをします

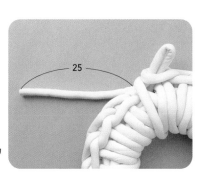

25

1 糸を約25cm測ってカットする。

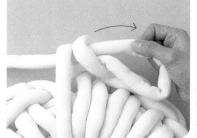

2 編み終わりの目を引き抜く。

3 チェーンつなぎをする。引き抜いた糸を編み始めの目に下から通す。

4 編み終わりの目に上から糸を通す。

5 引き抜いたところ。

2

6 糸端の中のわたを約2cmカットする。

7 「土台を作ります」の6の糸をカットして取り外す。

8 裏返し、糸端を裏の目に通す。

完成！

10

14 page

ネコベッド

材料
チャンキーヤーン
「チャンキー×ソフト」ダークピンク　2玉
でき上がりサイズ
直径約38cm、高さ15cm

作り方の動画は
▶YouTubeでも
Check!

下準備をします

1 1玉めの外側の糸端を出し、中のわたを約3cm引き出してカットする。

2 布を内側に折り込む。

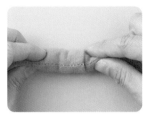

3 2玉めの糸端（糸玉の中央から出す）を、2と縫い目を合わせて入れ込む。

4 手縫いでまつる。

作り目を編みます

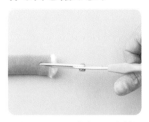

1 1玉めの中央から糸端を引き出し、切り込みを入れる。

2 中のわたを約15cm引き出し、カットする。

3 布を元に戻して結ぶ。

4 写真のように輪にする。

5 輪に指を入れて糸をつかむ。

6 糸をきつめに引き締める。

7 輪のサイズは指4本分にする。

8 3目編む。

1段めを編みます

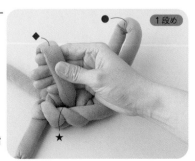

1 1目めの★から糸を指4本分引き出す。

2 ◆●の2つの輪を持つ。

3

糸を引き抜く。

4 クリップをとめて目印に
する。

5 2目めも同じ★から糸を
指4本分引き出す。

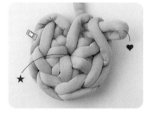

6 2・3と同様に編む。

7 同様に★に合計6目編む。

8 編み始めの糸端を裏の目
に通す。

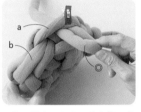

2段めを編みます　（6目→12目にふやす）

1 写真のように糸を指4本
分引き出す。

2 ◎♥の2つの輪を持つ。

3 ♥に◎を通す。

4 2段めの1目めが編めた。
目印のクリップを移動さ
せる。

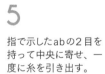
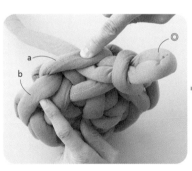
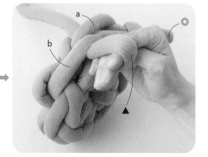

5

指で示したabの2目を
持って中央に寄せ、一
度に糸を引き出す。

6 ▲◎の2つの輪を持つ。

7 ◎に▲を通す。

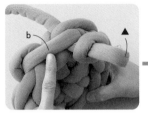

8 指で示したbから糸を引き出す。

9 ●▲の2つの輪を持つ。

10 ▲に●を通す。1~10で1段めのab2目に対して3目編め、1目ふやせた。

11 5~7と同様に2目に通して編む→8~10と同様に1目に通して編む、を4回繰り返して、合計11目編む。

12 2段めの最後は、1段めの最後の目とクリップの目の2目に通して編む。合計12目編めた。

3段めを編みます

3段めは目数をふやさないので、2段めを編みますの1~3と同様に輪のサイズは指4本分で12目編む。

4段めを編みます
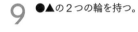

12 → 24目にふやす

1 クリップの目に編む。輪のサイズは4段め以降、全て指4本分で編む。

2 目印のクリップを移動させる。

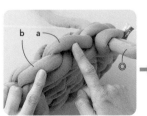

3 指で示したab2目に糸を指4本分通す。

4 ▲◎2つの輪を持ち、◎に▲を通す。

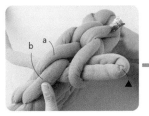 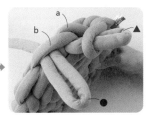

5 指で示したbに糸を通す。

6 ●▲2つの輪を持ち、▲に●を通す。同様に2目に通して編む→1目に通して編む、を繰り返して編んでいく。

5段めを編みます

7 4段めの最後は3段めの最後の目とクリップの目の2目に通して編む。合計24目編めた。

5段めは目数をふやさないので、4段めを編みますの1・2と同様に輪のサイズは指4本分で24目編む。

6段めを編みます 〔24→36目にふやす〕〔3目ごとにふやす〕

1 クリップの1目に糸を指4本分通して編み、目印のクリップを移動させる。さらに1目に通して編む。

 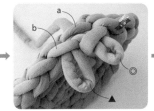

2 3目めは指で示したab2目に糸を通して編む。◎▲2つの輪を持ち、◎に▲を通す。

3 同様に1目に通して編む→1目に通して編む→2目に通して編む、を繰り返して編んでいく。6段めの最後は5段めの最後の目とクリップの目の2目に通して編む。

7段めを編みます 〔36目〕〔増し目なし〕

※7段め以降は糸がなくなるまで増し目なしで同じ編み方です

4 合計36目編めた。

1 クリップの1目に糸を指4本分通して編んで目印のクリップを移動させ、全ての目を1目で編む。

2 合計36目編めた。

8段めを編みます 〔36目〕〔増し目なし〕

7段めと同様に編む。

9段めを編みます

 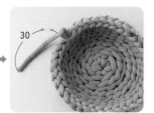

約30cm糸を残した目まで編む。

糸端の始末をします

1 糸端に切り込みを入れて中のわたを約10cm引き出してカットする。

2 布を元に戻して結ぶ。

3 隣の目を編む。

4 糸端を引き出す。

5 糸端を裏の目に通す。

完成！

how to make
ヌビバッグの作り方

使用したヌビ生地　二枚の無地の生地の間にわたを挟み、等間隔で縫い合わせたキルティング生地。わたは吸水、速乾性に優れていて、洗う度にふっくらと柔らかく、肌触りの良い風合いになります。

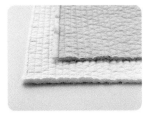

ヌビキルト　キルト幅約7㎜
ふっくらとしていて厚みがあり、バッグやポーチに適している。

ヌビキルト　キルト幅約3㎜
薄手で張りがあり、ポーチなどの小物におすすめ。

作り始める前に

✣ 写真の中の数字の単位は㎝です。

✣ 材料の布のサイズは横×縦で表記しています。

✣ ミシン糸は60番（普通地用）、ミシン針は11号で縫えますが、
　 縫いにくい場合はミシン糸を30番（厚地用）、
　 ミシン針を14番に替えてみてください。

✣ 布が重なって縫いにくい場合は、ミシンの速度をゆっくりにしたり、
　 目打ちで布を送ってみてください。

✣ 縫い始めと縫い終わりは必ず返し縫いをしましょう。

✣ 16ページの11ラウンドバッグと21ページの15フリル付きバッグは、
　 縮小型紙を69～71ページに掲載しています。

11

16 page

ラウンドバッグ

材料
表布　ヌビキルト キルト幅約7mm
（上）ラベンダー、（下）ネイビー　各130cm幅×70cm
裏布　110cm幅×70cm
接着芯　70×65cm

でき上がりサイズ
約縦28×横28cm、まち幅約8cm

縮小型紙 ≫≫≫ 70・71page

各パーツを裁ちます ※縫い代は指定以外1cm

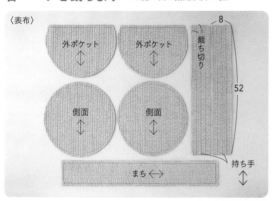

〈表布〉
外ポケット
外ポケット
8
裁ち切り
52
側面
側面
持ち手
まち

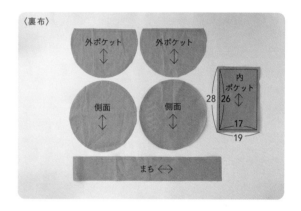

〈裏布〉
外ポケット
外ポケット
内ポケット
28 26
17
19
側面
側面
まち

表布に接着芯を貼ります

外ポケット
外ポケット
側面
側面
まち

側面、外ポケット、まちに接着芯を貼る。

持ち手を作ります

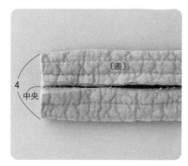

（表）
4
中央

1 中央に向かって折る。

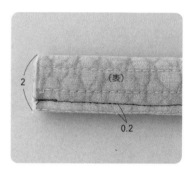

（表）
2
0.2

2 さらに折って縫う。

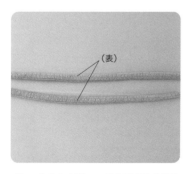

（表）

3 もう1本縫い、持ち手が2本縫えた。

外ポケットを作ります

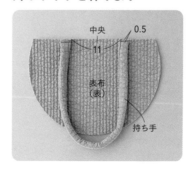

中央　0.5
11
表布（表）
持ち手

1 表布に持ち手を仮どめする。

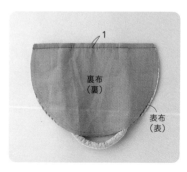

1
裏布（裏）
表布（表）

2 表布と裏布を中表に合わせ、ポケット口を縫う。

3 表に返し、ステッチをかける。

4 クリップで固定する。

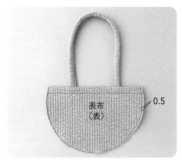

5 底側を仮どめする。もう1枚の外ポケットも1〜5と同様に作る。

内ポケットを作ります

1 内ポケットの縫い代上下をアイロンで折る。

2 内ポケットの底で中表に合わせ、両脇を縫う。四隅をカットする。

表袋を作ります

1 側面に外ポケットをクリップで固定する。

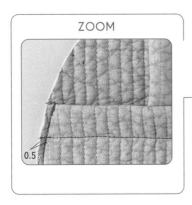

ZOOM

2 底側を仮どめする。もう1枚の側面も同様に作る。

3 側面とまちを中表に合わせ、縫い止まりからまち針でとめる。

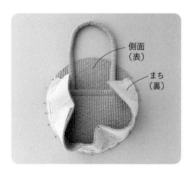

4 縫い止まりから縫い止まりまで、ま
ち針で全てとめる。

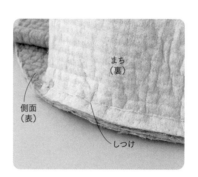

5 ずれないようにしつけをかける。

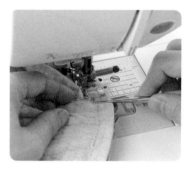

6 縫い止まりから縫い止まりまで縫う。
ゆっくりていねいに縫う。目打ちも
使うと布がずれるのを防げる。

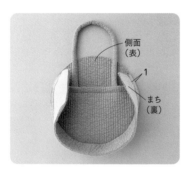

7 縫えたところ。

8 カーブがきれいに縫えた。しつけを
抜く。

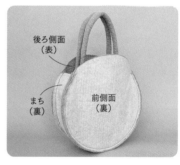

9 もう1枚の側面も3～8と同様に縫
う。

裏袋を作ります

1 内ポケットを表に返してアイロンを
かけ、後ろ側面に内ポケットを縫う。

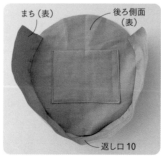

2 後ろ側面とまちを中表に合わせ、返し口を残し
て縫い止まりから縫い止まりまで縫う。

まとめます

3 前側面とまちを中表に合わせて、縫い止まりから縫い止まりまで縫う。

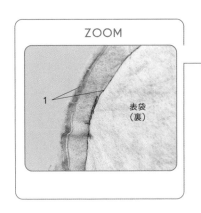

ZOOM

1 裏袋を表に返し、表袋と裏袋を中表に合わせ、側面の口側を縫う。

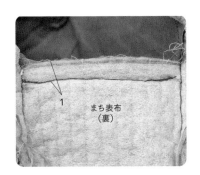

2 まちの口側を縫う。

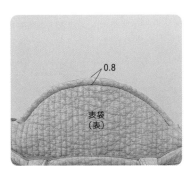

3 裏袋の返し口から手を入れて表袋を引き出し、アイロンで形を整える。側面の口側に縫える所までステッチをかける。

4 まちの口側に縫える所までステッチをかける。

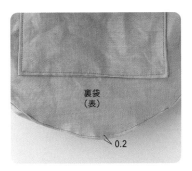

5 裏袋の返し口を縫う。

完成！

12 18 page
マザーズバッグ

13 19 page
リボン付きマザーズバッグ

各パーツを裁ちます ※縫い代は指定以外1cm

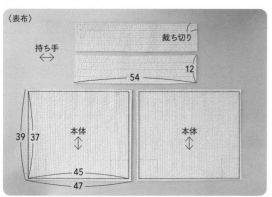

〈表布〉

裁ち切り

持ち手 ↔

54 12

39 37 本体 ↑

45
47

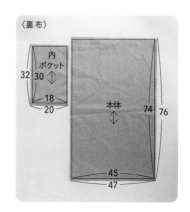

〈裏布〉

内ポケット

32 30 ↕

18
20

本体 ↑

74 76

45
47

持ち手を作ります

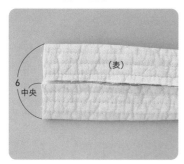

6
中央

（表）

1 中央に向かって折る。

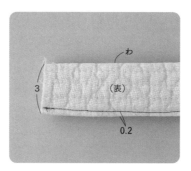

わ

3

（表）

0.2

2 さらに折って縫う。

（表）

3 もう1本縫い、持ち手が2本縫えた。

内ポケットを作ります

1

（裏）

1 内ポケットの縫い代上下をアイロンで折る。

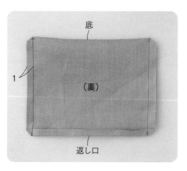

底

1

（裏）

返し口

2 内ポケットの底で中表に合わせ、両脇を縫う。四隅をカットする。

（表）

3 内ポケットを表に返してアイロンをかける。

材料
表布　ヌビキルト　キルト幅約7mm
（12マザーズバッグ）ピスタチオ
（13リボン付きマザーズバッグ）サンドベージュ　各130cm幅×60cm
裏布　110cm幅×80cm
接着芯　50×15cm
リボン（13リボン付きマザーズバッグのみ）　0.6cm幅×2.5m

でき上がりサイズ
（12・13共通）各約縦29×横29cm、まち幅約16cm

表袋を作ります

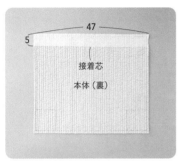

1　本体の口側に接着芯を貼る。

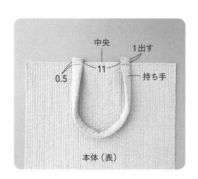

2　本体に持ち手を仮どめする。もう1枚も同様に作る。

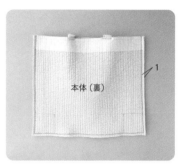

3　本体を中表に合わせ、脇と底を縫う。

4　脇と底を合わせてまちを縫う。

裏袋を作ります

1　本体に内ポケットを縫う。

2　中表に合わせ、返し口を残して両脇を縫う。

3　脇と底を合わせてまちを縫う。

まとめます

1　裏袋を表に返し、表袋と裏袋を中表に合わせ、バッグ口を縫う。

2　裏袋の返し口から表袋を引き出して形を整える。クリップで固定し、裏袋がずれないようしつけをかける。

リボンを結んでつけます

3 バッグ口にステッチをかける。持ち手を上に上げて縫う。

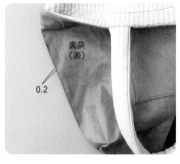

4 裏袋の返し口を縫う。マザーズバッグはこれで完成。

1 15cmのリボンを好きな本数用意する。

2 蝶結びする。

3 バランスを見て本体にのせる。

4 リボンの端に布用ボンドを塗る。

5 リボンの裏の結び目に布用ボンドを塗る。

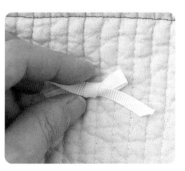

6 本体につける。

完成！

14

20 page

巾着バッグ

材料
表布　ヌビキルト キルト幅約3mm　バニラ　130cm幅×50cm
裏布　110cm幅×65cm
直径1cm径ひも　90cm×2本
（端をセロハンテープでとめておく）
ループエンド　4個

でき上がりサイズ
約縦28×横22cm、まち幅約12cm

各パーツを裁ちます ※縫い代は指定以外1cm

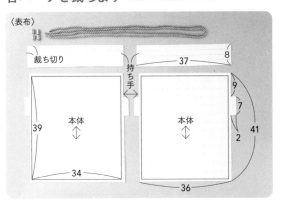

〈表布〉
裁ち切り
持ち手
37　8
9
7
2　41
本体
本体
39
34
36

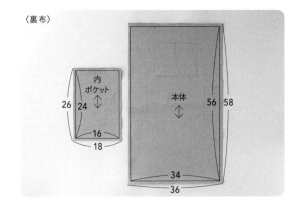

〈裏布〉
内ポケット
26　24
16
18
本体
56　58
34
36

持ち手を作ります

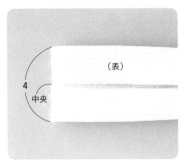

（表）
4
中央

1　中央に向かって折る。

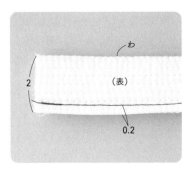

わ
2
（表）
0.2

2　さらに折って縫う。

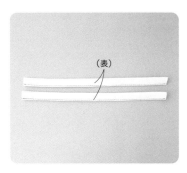

（表）

3　もう1本縫い、持ち手が2本縫えた。

内ポケットを作ります

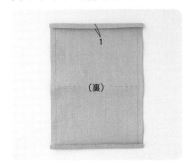

1
（裏）

1　内ポケットの縫い代上下をアイロンで折る。

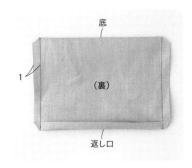

底
1
（裏）
返し口

2　内ポケットの底で中表に合わせ、両脇を縫う。四隅をカットする。

（表）

3　内ポケットを表に返してアイロンをかける。

表袋を作ります

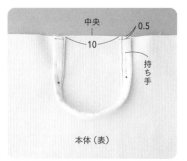

中央　0.5
10
持ち手
本体（表）

1 本体に持ち手を仮どめする。まち針で固定するとずれない。もう1本の持ち手も仮どめする。

11
ひも通し口3
1
本体（裏）

2 中表に合わせ、ひも通し口（3cm）を残して脇と底を縫う。

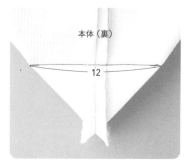

本体（裏）
12

3 脇と底を合わせてまちを縫う。

裏袋を作ります

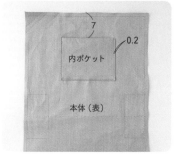

7
0.2
内ポケット
本体（表）

1 本体に内ポケットを縫う。

返し口
10
本体（裏）

2 中表に合わせ、返し口を残して両脇を縫う。

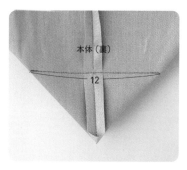

本体（裏）
12

3 脇と底を合わせてまちを縫う。

まとめます

裏袋（裏）
1
表袋（裏）

1 裏袋を表に返し、表袋と裏袋を中表に合わせ、バッグ口を縫う。

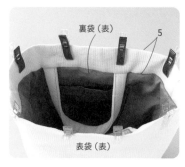

裏袋（表）
5
表袋（表）

2 返し口から表袋を引き出し、形を整えてクリップで固定する。表袋のひも通し口の縫い代は内側に入れ込む。

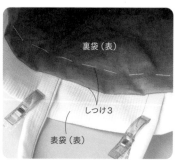

裏袋（表）
しつけ3
表袋（表）

3 裏袋がずれないように、しつけをかける。

60

表袋（表）

4 バッグ口から5cmの位置に3.5mmの針目でステッチをかける。持ち手を上に上げて縫う。

表袋（表）

5 さらに3cm下の位置にステッチをかける。

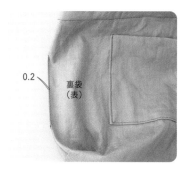

0.2　裏袋（表）

6 裏袋の返し口を縫う。

7 ひも通し口にひもを通す。

8 好きな長さでひもを結び、カットする。ひもの端のセロハンテープを取り、ボンドをつける。

9 ひもにループエンドをはめる。

10 ペンチでループエンドを閉じる。

完成！

15 21 page
フリル付きバッグ

材料
表布　ヌビキルト キルト幅約7mm　ライトグレー
130cm幅×60cm
裏布　110cm幅×40cm
接着芯　45×15cm
リボン　3.8cm幅×65cm　2本

でき上がりサイズ
約縦29×横38cm

縮小型紙 ≫≫≫ 69page

各パーツを裁ちます
※縫い代は指定以外1cm
※プロセス解説では型紙を使用しない方法を紹介します。69ページの型紙を使って裁断しても、もちろんOKです。

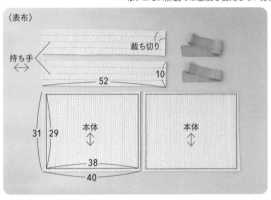

〈表布〉
裁ち切り
持ち手 ←→
10
52
持ち手
31　29　本体 ↕
38
40

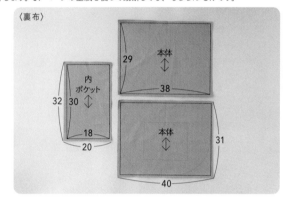

〈裏布〉
29　本体 ↕
38
32　30　内ポケット ↕
18
20
本体 ↕
31
40

持ち手を作ります

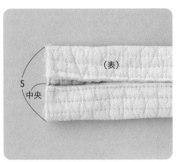

5
中央
（表）

1 中央に向かって折る。

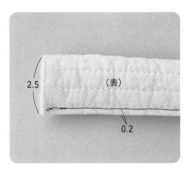

2.5
（表）
0.2

2 さらに折って縫う。

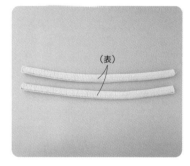

（表）

3 もう1本縫い、持ち手が2本縫えた。

内ポケットを作ります

1
（裏）

1 内ポケットの縫い代上下をアイロンで折る。

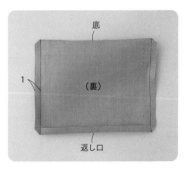

底
1
（裏）
返し口

2 内ポケットの底で中表に合わせ、両脇を縫う。四隅をカットする。

（表）

3 内ポケットを表に返してアイロンをかける。

表袋を作ります

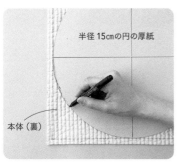

1 本体にでき上がり線を引くため、厚紙で半径15cmの円を用意する。写真のように15cmの曲線が当たる所に線を引く。

2 反対側の曲線も同様に引く。

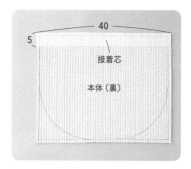

3 本体の口側に接着芯を貼る。

4 リボンの端に写真のようにボンドをつける。

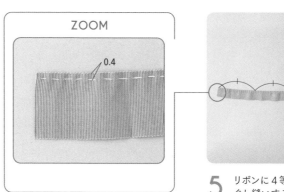

ZOOM
0.4

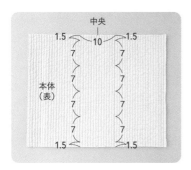

5 リボンに4等分に印をつけ、端をぐし縫いする。

6 本体1枚に写真のように印をつける。

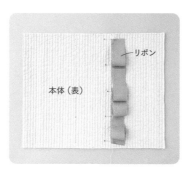

7 リボンを6の印に合わせてまち針で固定する。

8 ぐし縫いの糸を引いて長さを合わせる。アイロンをかけて整える。

9 縫う。

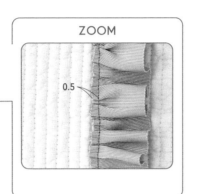

ZOOM

0.5

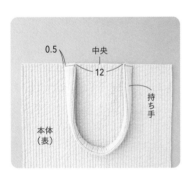

10 もう1本リボンを縫う。

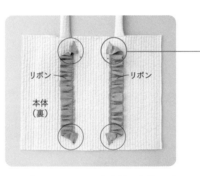

11 持ち手を仮どめする。

0.5　中央
12
持ち手
本体（表）

12 リボンをつけた本体にも持ち手を仮どめする。リボンの上下の端を折り、まち針で固定する。

リボン　リボン
本体（裏）

ZOOM

バッグ口や底を縫うときに巻き込まれないようにまち針で固定しておく。

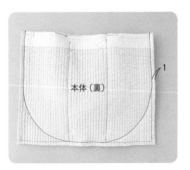

13 中表に合わせて脇と底を縫う。

本体（裏）
1

14 底のカーブを縫い代1cmでカットし、カーブに1cm間隔で切り込みを入れる。

本体（裏）
1　0.7 切り込み

裏袋を作ります

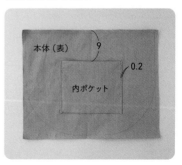

1 表袋を作りますの1・2と同様にでき上がり線を引き、本体に内ポケットを縫う。

本体（表）　9
0.2
内ポケット

まとめます

2 本体を中表に合わせ、返し口を残して、両脇と底を縫う。

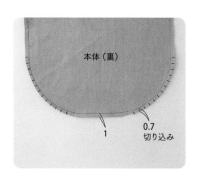

3 底のカーブを縫い代1cmでカットし、カーブに1cm間隔で切り込みを入れる。

1 裏袋を表に返し、表袋と裏袋を中表に合わせ、バッグ口を縫う。

2 裏袋の返し口から手を入れて表袋を引き出し、アイロンで形を整える。裏袋がずれないように、しつけをかける。

3 バッグ口にステッチをかける。持ち手を上に上げて縫う。リボンを縫わないように、前面とリボンの右脇～後ろ面～リボンの左脇の2回に分けて縫う。

4 裏袋の返し口を縫う。

完成！

16 22 page
フラットポーチ

材料
ヌビキルト キルト幅約3mm
（大）ピスタチオ 40×55cm、
（小）チャコールグレー 30×35cm
1.2cm幅伸び止めテープ （大）75cm、（小）55cm
（大）30cmファスナー1本、（小）20cmファスナー1本

でき上がりサイズ
（大）約縦25×横33.5cm
（小）約縦15.5×横23.5cm

布を裁ちます

※縫い代は指定以外1cm
※布とファスナーの色を変えています。
※プロセス解説は（小）で紹介。（大）は［ ］の寸法で同様に作る。

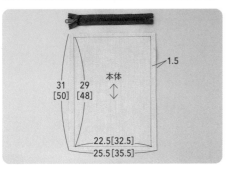

1.5

31
[50]

29
[48]

本体 ↕

22.5[32.5]
25.5[35.5]

ファスナー端の下準備をします

（裏）

ZOOM

ファスナー端を裏に三角に折り、手縫いでとめる。裏から見たときに90度くらいになるように折る。

本体にファスナーを縫います

本体
（裏）

伸び止めテープ

1 上下の縫い代にアイロンで伸び止めテープを貼る。

縁かがりミシン

本体
（裏）

2 上下の端に縁かがりミシンをかける。

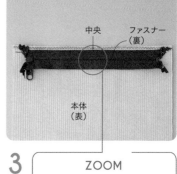

中央　ファスナー
（裏）

本体
（表）

3

ZOOM

2　1

本体とファスナーを中表に合わせ、中央を合わせる。布端から2cmの位置にファスナーのムシを合わせ、ムシから1cmの位置を縫う。ファスナー押さえに替えて縫うのがおすすめ。

ファスナー（表）

0.2

本体
（表）

4 表に返してファスナーの端にステッチをかける。

ファスナー（表）　0.2

本体
（表）

5 反対側のファスナーも3・4と同様に縫う。

両脇を袋縫いします

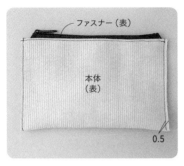

1 袋縫いをする。まず、表から縫う。

2 裏に返し、でき上がり線を縫う。

完成！

表に返す。

---

how to make

17 23 page
テトラポーチ

材料
ヌビキルト　キルト幅約7mm
（上）スカイブルー、（中）メロンシャーベット、
（下）アンバー　各30×35cm
1.2cm幅伸び止めテープ　30cm
10cmファスナー1本
1cm幅グログランリボン　10cm
でき上がりサイズ
約縦11×横11cm、まち幅約11cm

布を裁ちます
※布とファスナーの色を変えています。

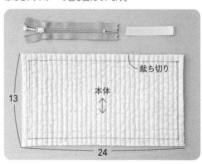

裁ち切り

本体

13

24

ファスナー端の下準備をします

（裏）

ZOOM

ファスナー端を裏に三角に折り、手縫いでとめる。裏から見たときに90度くらいになるように折る。

本体にファスナーを縫います

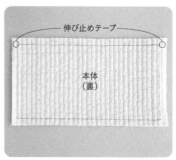

伸び止めテープ

本体
（裏）

1 写真のようにアイロンで伸び止めテープを貼る。

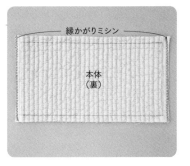

2 両端に縁かがりミシンをかける。

3 表にリボンを重ねて仮どめする。

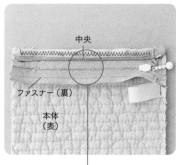

4

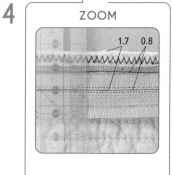

ZOOM

本体とファスナーを中表に合わせ、中央を合わせる。布端から1.7㎝の位置にファスナーのムシを合わせ、ムシから0.8㎝の位置を縫う。ファスナー押さえに替えて縫うのがおすすめ。

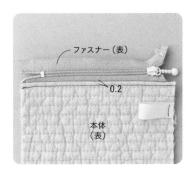

5 表に返し、ファスナーの端にステッチをかける。

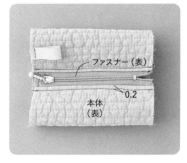

6 反対側も4・5と同様に縫う。

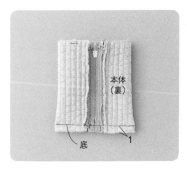

7 写真のように中表に合わせ、底を縫う。

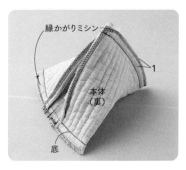

8 写真のように縫う。縫い代に縁かがりミシンをかける。

完成！

縮小型紙

※型紙には縫い代が含まれていません。
〔 〕内の数字を参照し、縫い代をつけてください。
※200%に拡大コピーしてお使いください。

21 page

15 フリル付きバッグ

縮小型紙（200%に拡大）

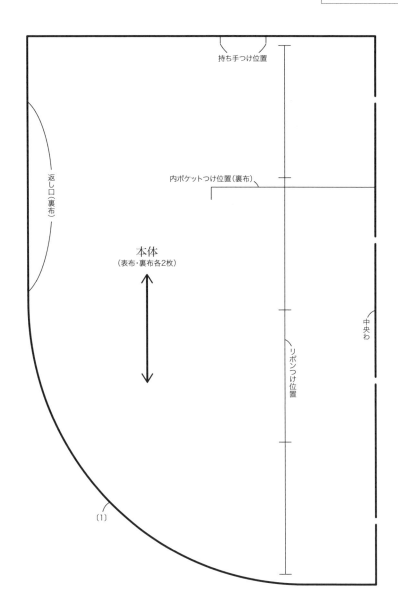

持ち手つけ位置

返し口（裏布）

内ポケットつけ位置（裏布）

本体
（表布・裏布各2枚）

リボンつけ位置

中央わ

〔1〕

ラウンドバッグ

縮小型紙（200％に拡大）

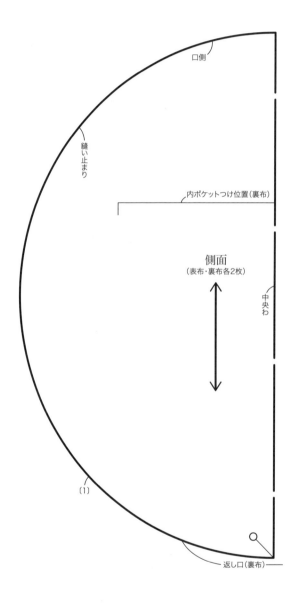

口側

縫い止まり

内ポケットつけ位置（裏布）

側面
（表布・裏布各2枚）

中央わ

(1)

返し口（裏布）

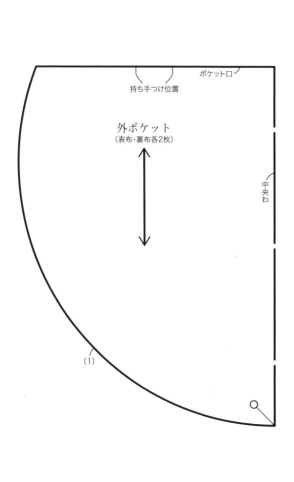

持ち手つけ位置　ポケット口

外ポケット
(表布・裏布各2枚)

中央
わ

(1)

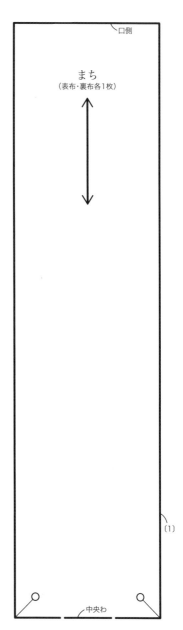

口側

まち
(表布・裏布各1枚)

(1)

中央わ

作品製作　Sewing in Japan♡　中西美歩

ブックデザイン　ohmae-d（中川 純・福地玲歩・浜田美緒・岩田 歩）

撮影　角田明子

プロセス撮影　有馬貴子(本社写真編集室)

スタイリング　川村繭美

モデル　松木 育未(ライト マネジメント)
　　　　ヒンタン

型紙　今 寿子

校閲　滄流社

編集　小柳良子

糸・素材提供

・日本紐釦貿易

https://www.nippon-chuko.co.jp/

☎ 06-6271-7087

・ユザワヤ

https://www.yuzawaya.co.jp/

初めてでも作れる！　韓国発 マンドゥバッグ＆ヌビバッグ

編　者　主婦と生活社

編集人　石田由美

発行人　倉次辰男

発行所　株式会社主婦と生活社
　　　　〒104-8357　東京都中央区京橋 3 - 5 - 7
　　　　https://www.shufu.co.jp/
　　　　編集部　☎ 03-3563-5361　Fax.03-3563-0528
　　　　販売部　☎ 03-3563-5121
　　　　生産部　☎ 03-3563-5125

製版所　東京カラーフォト・プロセス株式会社

印刷所　凸版印刷株式会社

製本所　株式会社若林製本工場

©SHUFU TO SEIKATSUSHA 2023 Printed in Japan
ISBN978- 4 -391-16034- 5